AF262237

L⁴h
1041

COMITÉ SALONAIS

de Secours aux Blessés et aux Victimes de la Guerre

RAPPORT

DU PRÉSIDENT

A L'ASSEMBLÉE DU 27 JANVIER 1872

Sur les Opérations Générales du Comité

SALON (Bouches-du-Rhône)

MARSEILLE

TYPOGRAPHIE MARIUS OLIVE

RUE SAINTE, 39.

1872.

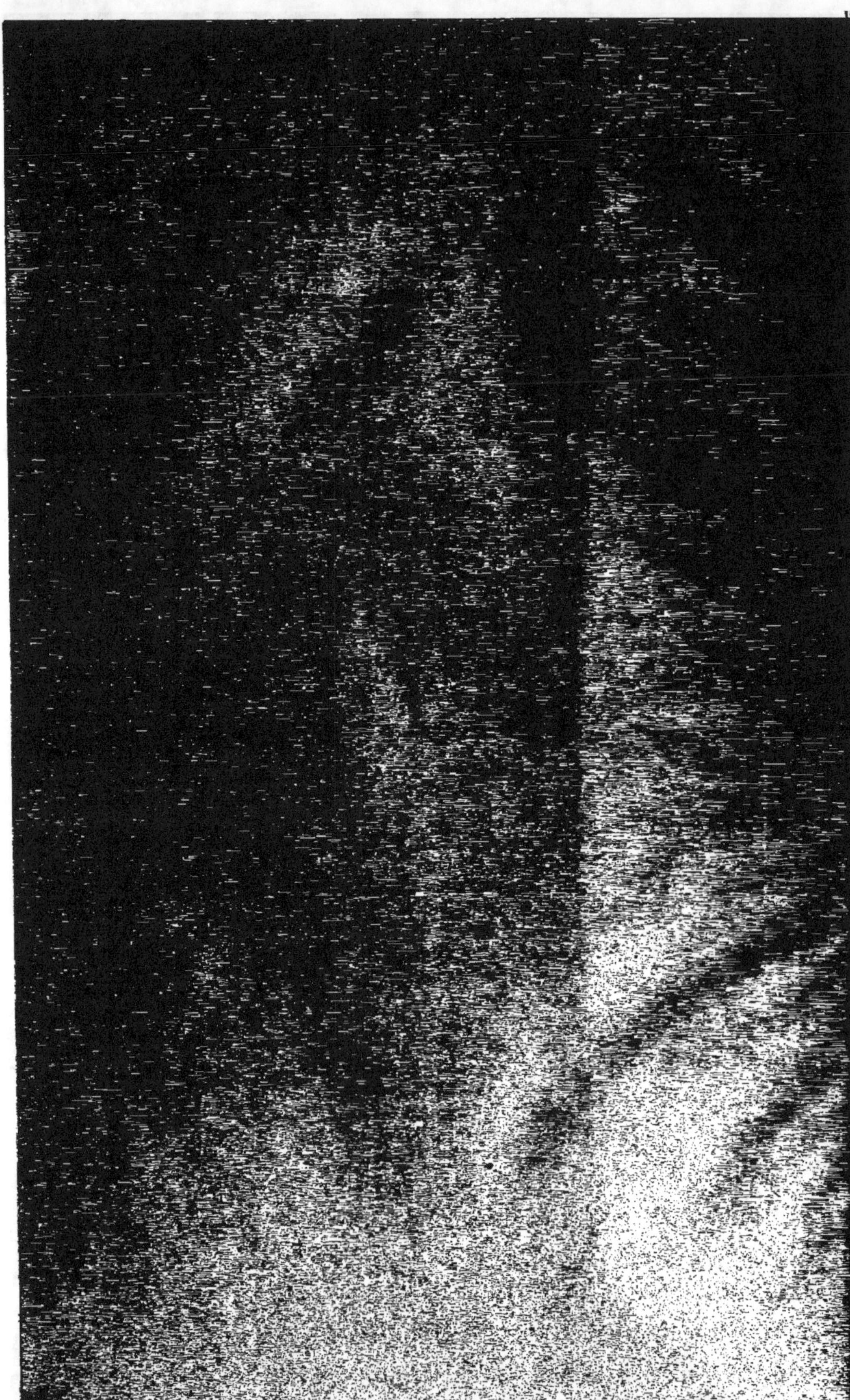

COMITÉ

DE

Secours aux Blessés et aux Victimes de la Guerre

DE LA VILLE DE SALON

**Extrait du Registre des Délibérations de la Séance
du 25 Décembre 1870**

L'an mil huit cent septante, et le vingt-cinq décembre, sur l'invitation de Monsieur le Maire et l'initiative de la Commission Municipale, se sont assemblés à l'Hôtel-de-Ville, dans le but charitable de former un Comité de secours aux blessés et aux victimes de la guerre les personnes dont suivent les noms :

MM. RONDARD, Docteur en médecine.
COLOMBAN, Receveur des Douanes.
CARBONEL, Suppléant du Juge de Paix.
A. TOURNEFORT, Négociant.
F. CACHON, Coiffeur.
LAUGIER, Coiffeur.
GRAS, Louis, Peintre.
ROQUE, Docteur en médecine.
ROMAN, Justin, Employé de commerce.
F. BEDOC, Négociant.
MATTY, Henry.
F. TURIN, Négociant.
FAÏSSE, Notaire.
TERRIN, Receveur des Contributions indirectes.
E. ALPHANDÉRY, Banquier.
GIRAUDON, Contrôleur.
JOURDAN, Emilien, Négociant.
COREN, Camille, Propriétaire.

L'Assemblée donne la présidence à Monsieur le docteur Rondard, qui déclare n'accepter ces fonctions que provisoirement jusqu'à la constitution définitive du Bureau du Comité, les occupations de son état de Médecin, ne lui permettant pas d'accepter des fonctions actives.

Après avoir délibéré, l'Assemblée adopte à l'unanimité les statuts suivants.

ARTICLE 1er.

Le Comité de secours aux blessés militaires et aux victimes de la guerre est définitivement organisé à Salon ; il a pour mission de recueillir des dons en argent et en nature destinés aux victimes de la guerre.

ARTICLE 2.

Le Comité Salonais de secours aux blessés et aux victimes de la guerre reconnnaît tous les articles de la convention de Genève, il s'adresse à tous indistinctement, et ne poursuit ni but politique ni religieux. Tous les malheureux blessés ont un égal droit à ses soins.

ARTICLE 3.

Le Comité Salonais provoquera, s'il le juge opportun, la formation de Comités auxiliaires qui correspondront avec lui, et adopteront sa direction.

ARTICLE. 4.

Le Comité Salonais est composé de la manière suivante :
Quatre Présidents honoraires.
Un Président.
Un Vice-Président.
Un Secrétaire.
Deux Secrétaires-adjoints.

Un Délégué pour la réception des dons en nature.

Onze Membres.

Le nombre des Sociétaires est illimité.

ARTICLE 5.

Il provoquera la formation d'un Comité auxiliaire de Dames.

ARTICLE 6.

Tous les membres du Comité Salonais paient annuellement une cotisation de six francs.

ARTICLE 7.

Les dons en argent et en nature provenant, soit des personnes faisant partie de la Société, soit des personnes étrangères à la Société, seront reçus avec reconnaissance.

L'Assemblée procédant ensuite à la formation de son Bureau, nomme à l'unanimité :

Présidents Honoraires :

MM. Louis REYNAUD, Maire.
    VILLIARD, Curé.
    THOMASSIN, Commandant du 36ᵉ de ligne.
    HUGUES, Commandant de la Garde nationale.

Président :

M. Emilien JOURDAN, négociant.

Vice-Président :

M. COLOMBAN, Receveur des Domaines.

Secrétaire :

M. CARBONEL, Suppléant du Juge de Paix.

Secrétaires-Adjoints :

MM. Edouard ALPHANDÉRY.
    Henry MATTY.

Trésorier :

M. L. TERRIN, Receveur des Contributions indirectes.

Délégué pour la Réception des Dons en nature :

M. A. TOURNEFORT, Négociant.

Membres du Comité :

MM. RONDARD, Docteur en médecine.
GIRAUDON, Contrôleur.
F. CACHON, Coiffeur.
LAUGIER, Coiffeur.
F. BÉDOC, Négociant.
GRAS, Louis, Peintre.
ROMAN, Justin, Employé de commerce
ROQUE, Docteur en médecine.
FAÏSSE, Notaire.
F. TURIN, Négociant.
COREN, Camille, Rentier.

M. le docteur Rondard cède sa place à M. le Président qui, après avoir reçu ses félicitations, dont il le remercie, prend la parole en ces termes :

MESSIEURS :

Je promets toute mon activité et tout mon dévouement à l'œuvre sacrée que nous commençons aujourd'hui.

La charité de nos concitoyens a des ressources infinies, et ne nous fera jamais défaut, aussi je ne doute pas du succès de de notre entreprise.

Les malheurs de notre chère patrie doivent grandir notre courage et notre dévouement : je vous remercie de l'honneur que vous venez de me faire en me renommant votre président. Cet honneur, je saurai le mériter ; je vous en donne l'assurance.

Ont signé les Membres du Comité.

VU ET APPROUVÉ :

Le Maire, L. REYNAUD.

RAPPORT

DE MONSIEUR LE PRÉSIDENT

à la Séance du 27 Janvier 1872

SUR

LES OPÉRATIONS GÉNÉRALES DU COMITÉ

MESSIEURS,

Le premier acte du Comité a été de faire circuler dans le public des listes d'adhésion, faisant appel, en vertu de l'article 4 des statuts à des Sociétaires, dont la cotisation annuelle était fixée à la somme de 6 francs.

Je vous donne le nom des honorables personnes qui ont répondu à cet appel charitable, et qui sont, par ce fait, devenues Sociétaires du Comité.

MM. LIGNON, Victor.
COREN, Léopold.
COREN, Joseph.
TESTANIER, Elysée.
VIVIAN, François.
MICHEL, Marius.
PONCET, Jules.
BONAUD, Henry.
COREN, Ferdinand.
CREMIEU, Joseph.
ALPHANDÉRY, David.
JOURDAN, Jérôme.
CARCASSONNE, Gustave.
CARCASSONNE, Darius.
CHAUDOIN, courtier.
ISNARD, percepteur.

MM. ARMAND, Jean-Baptiste
MOT fils.
CHAFFARD fils.
MOURRET, Théophile.
ALLAMAND, Gabriel.
BOY, Théophile.
NICOLAS, Henry.
MATTY, Georges.
BOURRELLY, Léonce.
MICHEL, Antoine.
AUTHEMAN, Louis.
LIGNON, Siméon.
BRANDIS, Marius.
DEÏSS, Jules.
MARTIN, Hilarion.
GROS, Paul.

Mettant aussi en pratique l'article 5 des statuts, le Comité fit appel aux Dames et Demoiselles, pour provoquer la formation d'un Comité auxiliaire.

Le succès dépassa notre espérance, et le 22 janvier, jour fixé pour la réunion à l'Hôtel de Ville, un grand nombre de Dames et de Demoiselles se rendit à notre invitation.

Je vous donne le compte-rendu, extrait du registre des délibérations, de cette Assemblée ou pour mieux dire de cette fête de famille, qui laissera longtemps en moi le souvenir d'une bonne journée.

EXTRAIT

DU

REGISTRE DES DÉLIBÉRATIONS DU COMITÉ DES DAMES

Compte-Rendu de la Séance du 22 Janvier 1872

L'an mil huit cent septante et un et le 22 janvier, sur l'appel fait par le Comité de secours aux blessés et aux victimes de la guerre, les Dames dont les noms sont insérés au présent procès-verbal, se sont rendues dans la Salle du Conseil, à l'Hôtel de Ville, pour procéder à la formation d'un Comité auxiliaire.

M. le Président du Comité, assisté de MM. les Secrétaires et de M. le Trésorier, ouvre la séance par les paroles suivantes :

Mesdames,
Mesdemoiselles,

Appelé quelquefois à présider des assemblées, je n'ai jamais joint à cet honneur, le plaisir et l'émotion que j'éprouve aujourd'hui.

Permettez-moi, Mesdames, de vous exprimer sincèrement, sur l'honneur d'un homme qui ne poursuit d'autre but que celui du soulagement de nos frères qui tombent frappés pour nous, permettez-moi, dis-je, de vous exprimer toute ma gratitude.

En franchissant le seuil de cet Hôtel de Ville, en répondant comme vous l'avez fait à l'appel du Comité, vous avez non seulement accompli le plus saint des devoirs, mais encore vous avez donné un grand exemple qui prouve une fois de plus la supériorité et la noblesse des sentiments de la femme.

Votre Assemblée est composée des deux classes de la société salonaise, celle de la bourgeoisie, et celle du travail. Par votre présence ici, vous les confondez toutes deux, et vous en créez une seule : *celle de l'aristocratie du cœur.*

Merci mille fois, Mesdames, au nom de la patrie éplorée, au nom de nos provinces envahies ; merci, au nom de nos frères mourants pour la sainte cause ; merci, au nom de nos sœurs qui pleurent sur les foyers détruits.

M. le Président prie M. le Secrétaire de faire l'appel nominal des Dames et Demoiselles qui composent le Comité, et donne avis qu'après cette lecture, il sera procédé aux élections par scrutin de liste, pour nommer :

Une Présidente,
Une Vice Présidente,
Deux Secrétaires.

M. le Secrétaire donne lecture de la liste des Dames et Demoiselles du Comité.

Mmes	
ALLAMAND, Gabriel.	CARCASSONNE, Darius.
ALPHANDÉRY, Léon.	CARCASSONNE, Gustave.
ALPHANDÉRY, Albert.	CARCASSONNE, Adrien.
AUTHEMAN, Louis.	COREN, Joseph.
ARMAND, Etienne.	CROUSNILLON.
BÉDOC.	CONSTANT, Eugène.
BÉRAUD.	CHATEAUNEUF.
BICHERON, Adolphe.	COREN, Léopold.
BOSSY, Louis.	COMTE.
BLANCHIN.	CARBONEL.
BROUILLET.	COREN, Ferdinand

Mmes Barnier.
Constant.
Faïsse, Marius.
Faïsse, Amédée.
Franc.
Ve Fouquet.
Gros.
Giniez, Marius.
Gaillard.
Hugues.
Imbert.
Jourdan, Emilien.
Jullien.
Mallet-Rayssal.
Maylin.
Michel. Antoine.
Maupas.

Mmes Marchal.
Moutin. Léon.
Montagard.
Pradelle.
Pelissier.
Poncet.
Ricard-Jauffret.
Raybaud.
Rondard.
Rouvier.
Roque.
Roux.
Revesse.
Tournefort, Audrius.
Tourette.
Thomassin.
Valay-Campy.

Mlles Arnaubec, Anaïs.
Allemand, Thérèse.
Artaud. Rosine.
Armand.
Aillaud, Aricie.
Bicheron sœurs.
Bedouin, Nathalie.
Brandis.
Barrachin. Marie.
Carcassonne, Amélie.
Chaudoin, Marie.
Cournand, Hélène.
Constant, Adelaïde.
Constant.
Chaffard.
Espigue.
Filhol, Joséphine
Filhol, Julie.
Giniez, Emilie.
Giraudon.
Gondon, Eléonore.

Mlles Gavarry, Thérèse.
Imbert. Héléna.
Jullien sœurs.
Martin, Maria.
Moutin, Léocadie.
Miousset.
Maupas sœurs.
Nicolas. Thérèse.
Pellissier. Marie.
Payan.
Panzani, Marie .
Reyne, Emilie.
Reynaud, Sophie.
Reynaud, Anaïs.
Rousset.
Rondard. Lucie.
Tassel, Louise.
Tournefort, Antoinette.
Teissier. Maria.
Thadée.
Verrier, Anaïs.

L'Assemblée procède ensuite au vote dont le dépouillement donne le résultat suivant :

Présidente	Mme PELISSIER, Fortuné.
Vice-Présidente	Mlle ARTAUD, Rosine.
Secrétaires	Mme Veuve FOUQUET.
	Mlle REYNE, Emilie.

M. le Président adresse ses félicitations au Comité du choix qu'il vient de faire, et particulièrement à Mme la Présidente, dont le dévouement bien connu de tous sera à la hauteur de sa tâche.

M. le Président fait ensuite le résumé succinct des attributions du Comité des Dames, dont il confie désormais la direction à Mme la Présidente.

Ces attributions comprennent :

1° La réception des dons en nature et en argent;

2° La confection des vêtements, gilets de flanelle, chemises, etc.;

3° La préparation, selon les instructions des ambulances, du vieux linge à mettre soit en charpie, soit en bandes, soit en compresses

4° Le placement des billets de loterie ainsi que les soins à donner à l'exposition des lots de ladite loterie;

5° Les secours aux familles victimes de la guerre;

6° Les quêtes à faire à l'église, et pour lesquelles le Comité aura à déléguer deux de ses membres, pour obtenir de M. le Curé l'autorisation nécessaire.

7° Et enfin les soins à donner aux blessés qui doivent arriver sous peu, et pour lesquels la municipalité a fait disposer le local de l'école communale, établissement admirablement situé, dont le séjour sera très favorable à la santé de nos malheureux frères.

M. le Président clôture la séance par les paroles suivantes :

« Je vous confie, Mesdames, l'accomplissement délicat, de la mission que vous acceptez aujourd'hui, nul doute que vous ne la meniez à bonne fin.

« Permettez-moi, avant de nous séparer, de vous faire une confidence. On doutait beaucoup (et je parle ici des hommes seulement), on doutait, dis-je, beaucoup de la réussite de votre Comité. Je n'en ai jamais douté, moi, car je savais qu'une chose en vous ne ferait jamais défaut, c'est votre excellent cœur. Vous venez d'en donner une preuve éclatante et votre exemple sera, je l'espère, salutaire au pays.

A l'Hôtel-de-Ville de Salon, au jour et an dits.

<table>
<tr><td>La Présidente,</td><td>Les Secrétaires,</td></tr>
<tr><td>PELISSIER.</td><td>Rose FOUQUET, Emilie REYNE.</td></tr>
</table>

Dès ce jour, Messieurs, le Comité des Dames commença à fonctionner; vous allez voir quel aide puissant nous avons eu et combien grande et précieuse a été sa colloboration.

Le premier acte de ce Comité fut de voter à l'unanimité une cotisation mensuelle. Plusieurs dames s'empressèrent immédiatement d'en poursuivre le recouvrement; je dois à cette place payer un tribut de reconnaissance à une absente dont le départ a laissé de vifs regrets au sein du Comité. Mme Albert Alphandéry, chargée de ce soin, s'en est acquittée avec tout le charme, et le dévouement qui lui ont valu notre admiration; que les bénédictions et les remerciments des malheureux secourus arrivent jusqu'à son foyer, encore envahi par l'ennemi!

Par les soins de Mme la Présidente, des achats de flanelle furent faits. Mme Gros et Mlle Maria Teissier furent chargées de faire la distribution du travail et, en quelques jours, comme si des fées bienfaisantes s'étaient mises à l'œuvre, nous eûmes une abondante provision de chemises de flanelle, qui nous permit de vêtir les blessés et les convalescents dirigés

sur le dépôt du 36e de ligne et notre hôpital. Ces malheureux nous arrivaient par les froids rigoureux et exceptionnels
de l'hiver, les vêtements complétement usés par la dure
campagne qu'ils avaient eu à supporter.

Vint ensuite la loterie dont vous aviez voté l'organisation à
l'Assemblée du 16 janvier. L'appel suivant fut redigé et affi-
ché dans la ville; vous avez pu vous rendre compte du magni-
fique résultat qu'il a produit en peu de jours, et qui fait le
plus grand honneur à nos concitoyens.

Chers Concitoyens,

En présence des sacrifices continuels imposés à la patrie
par l'envahissement de hordes barbares, le Comité Salon-
nais de secours aux blessés et aux victimes de la guerre vient
faire un nouvel appel à la charité inépuisable de ses concitoyens.

Epargnés par les horreurs de l'invasion, nos départements
du Midi ont le devoir sacré de faire tout ce qu'ils peuvent
pour ceux qui luttent et qui souffrent pour la délivrance de la
patrie.

Dans le but de créer de nouvelles ressources, et de concert avec ses quêtes, le Comité a, dans sa dernière réunion,
décidé l'organisation d'une loterie dont les lots seront dus
à la générosité de tous ; ce projet à peine connu, lui a valu de
nombreuses promesses, déjà en partie réalisées.

Peu importe la valeur des objets donnés, ils seront toujours
chers à celui auquel le sort les destinera, ils rappelleront *une
bonne action.*

A vous, Mesdames, à vous, Mesdemoiselles, au cœur si charitable, de nous venir en aide. A nous, chers concitoyens, de
seconder le courage et l'abnégation de nos frères qui tombent

mutilés sur le champ d'honneur. Donnons, donnons toujours, jusqu'à ce que cette lutte fratricide, décrétée froidement par de barbares gouvernants, trouve fin dans le triomphe de la justice et du droit.

Salon, 17 janvier 1871.

Vu et approuvé :

Le Maire,
L. REYNAUD.

Pour le Comité :

Le Président,
Emilien JOURDAN.

Les Lots seront reçus chez M. Andrius TOURNEFORT, négociant, sur le Cours, délégué du Comité à cet effet.

Je vous donne ci-après la liste des 171 lots, et, en regard, le nom des personnes qui les ont offerts. Vous avez pu apprécier à l'exposition faite à l'hôtel-de-ville la valeur de ces lots, qui nous ont été adressés spontanément et sans sollicitations. Les sociétés, les corporations religieuses, les cercles, et le sympathique régiment du 36ᵉ de ligne, dont l'honorable commandant, M. Thomassin, a donné au Comité de si fréquentes preuves de bonté, tout le monde enfin a rivalisé de zèle et de largesses.

Bien que dans la liste ci-après figure le nom de toutes les personnes à la libéralité desquelles nous devons les lots, je tiens à honorer d'une mention spéciale les sociétés qui, de concert avec le 36ᶜ de ligne et la ville, ont voté des fonds pour l'achat des lots destinés à notre loterie et ouvert des souscriptions dont le produit a été versé entre les mains de notre trésorier.

C'est d'abord le Cercle des Arts, le Cercle Agricole, le Cercle de l'Industrie, le Cercle de l'Univers, la Confrérie de Saint-Roch, les Congrégations des femmes et des filles, les Deux Confréries de Pénitents, et enfin les intéressants enfants de l'Ecole communale.

Les ouvrières de la fabrique de soie de M. Coren jeune s'étaient aussi cotisées pour l'achat d'un lot. Celles de la fabrique d'allumettes de M. Fournilhér ont suivi cet exemple, et, pour terminer, sans distinction de rang, l'obole de la jeune servante, confondue avec celle de la jeune maitresse, représentait à notre exposition le joli lot des *jeunes filles de Salon*

LISTE DES LOTS

ET NOMS DES PERSONNES QUI LES ONT OFFERTS

1	Une paire Pantoufles brodées........	Mme X.
2	Un Pot à Tabac blanc et argenté......	M. Léon TERRIN.
3	Deux cents Cigares bayonnais.......	M. CRÉMIEU.
4	Une Vierge dorée.................	Mme Emilien JOURDAN.
5	Une Bouteille Eau de fleur d'oranger.	Mlle X.
6	Une paire Pantoufles brodées........	Mlle Emilie REYNE.
7	Un Pot de Pommade...............	M. Jules REYNAUD, coiffeur
8	Une Boîte 12 Couteaux, manche Ruolz	M. VILLARD, curé.
9	Un Mac-Farlane, collet velours.......	M. CACHON, tailleur.
10	Une paire Dessous de Lampe.......	Mlles REYNE, sœurs.
11	Une paire Taies pour fauteuil........	Mlle Lucie RONDARD.
12	Un Couvert Ruolz.................	Mme veuve TOURETTE.
13	Une paire Pigeons vivants.........	M. André SERRURIER.
14	Un Écrin, Livre de Messe et Porte-Monnaie....	M. Camille COREN.
15	Une Veilleuse-Théière.	M. ROLLET, instituteur.
16	Un Plongeon Ruolz...	Elèves de M. GHISOLPHE.
17	Une douzaine Cuillères à café, Ruolz.	MM. les VICAIRES.
18	Un Porte-Monnaie arabe...........	Mme v^e TOURETTE, pour son fils.
19	Deux Paniers osier fin........	Mlle Caroline BRITTON.

20 Médaillon, portrait du Pape............. Mme JAUFFRET.
21 *Histoire du bailli de Suffren* (1 vol.). M. BONNEFOY aîné.
22 Un Porte-Monnaie, un Paroissien et
    un Volume Discours .... M. GIMON, juge de paix.
23 Un Cheval de bois................ M. Gustave CARCASSONNE.
24 Un Volume (*Le Ciel, la Terre, les Mers*). M. Hilarion MARTIN.
25 Une Bordure de Couvert^{re} au crochet. }
26 Six petits Objets tricotés en laine..... } Mme MAYLIN.
27 Une grande Coupe cristal........... }
28 Une Jumelle de théâtre .... } M. F. BÉDOC.
29 Une paire Pantoufles brodées... ... Mlle Amélie CARCASSONNE.
30 Une paire Pantoufles bordées........ Mlles BRANDIS sœurs.
31 Une Veste tricot et une paire Chaus-
    settes.......................... . Mlles MILLAUD.
32 Trois Bouteilles St-Péray, mousseux.. M. E. TESTANIER.
33 Une paire Lampes.... .... Mme Léon ALPHANDÉRY.
34 Une Pendule dorée (garantie). ...... La famille RAYSSAL.
35 Une paire Vases................... M. PIOLLE.
36 Un Secrétaire portatif............. Mme Louis BOSSY.
37 Une Portière fil.................. *Sœurs de Saint-Thomas.*
38 Six Couverts en Ruolz........ .... *Confrérie des Pénit. Blancs.*
39 Une petite Vierge en biscuit........ Mlle Claire TERRIN.
40 Une paire Lampes............. ... Elèves de M. PASSA.
41 Un Tableau, monument de Craponne. M. Aⁱⁿ GRAS.
42 Six Cuillères à café Ruolz......... . M. D. ALPHANDÉRY.
43 Un Panier fruits.................. }
44 Une Bande au crochet.. .... } Mlle Louise TASSEL.
45 Une Vierge sous globe............. *Congrégation des filles.*
46 Une Pipe écume de mer.......... M. DONGUY.
47 Une paire Lampes................. Mme GROS-HUGUES.
48 Deux Coupes cristal.............. Mme HUGUES.
49 Un Album et un Verre cristal .... Mme Etienne ARMAND.
50 Un Porte-Cigarres .... Mme Adrien CARCASSONNE.
51 Une douzaine Mouchoirs fil......... \
52 Une douzaine Mouchoirs fil..,...... |
53 Une Pièce madapolam.............. } *La Ville.*
54 Une Nappe et 12 Serviettes toile fine. |
55 Une Pièce de toile............... /
56 Une Table acajou, Devant de canapé.. *Les jeunes filles de Salon.*
57 Une Cave à liqueurs à musique...... *Cercle des Arts et Métiers.*

58 Un Service à café avec plateau métal
    blanc . . . . }
59 Une Descente de lit moquette. . . . . } *Cercle des Arts et Métiers.*
60 Une Commode noyer. . . . .)
61 Un Cabaret porcelaine. . . . . *Les filles de la Fabr. de soie.*
62 Un petit Chapeau (nécessaire). . . . . . . }
63 Un petit Chapeau (nécessaire). . . . . . . } M{ms} BLANCARDY.
64 Une paire Bas brodés. . . . . Mlles FOURNILLER.
65 Une douzaine Couteaux dessert. . . . . ANONYME.
66 Un Pouf gazon vert. . . . . Mme PELISSIER.
67 Un Porte-Allumettes . . . . *Les filles de la fab. d'allum.*
68 Une Descente de lit peau de chamois. M. MOT.
69 Une paire Pantoufles brodées. . . . . . Mlle Antoin. TOURNEFORT.
70 Une paire Pantoufles brodées. . . . . . . Mlle Maria TEISSIER.
71 Un Voile-Fauteuil et Accoudoirs. . . . . Mlles JULIEN.
72 Un Paroissien . . . . Mme Léopold COREN.
73 Un Tapis rond de guéridon. . . . . M. REBOUL.
74 Un Herbier plantes marines. . . . . }
75 Une Lunette de marine. . . . . } Mme RAYBAUD.
76 Une paire Pantoufles brodées et Porte-
    Monnaie. . . . . }
77 Une paire Dessous de Lampe et Porte- } *Sœurs de la Présentation.*
    Monnaie.)
78 Un Cache-Nez cachemire. . . . . M. MIOUSSET.
79 Deux Vases porcelaine. . . . . Mme Albert ALPHANDÉRY.
80 Un Réveil-Matin. . . . . M. M. BONNEFOY.
81 Un Porte-Cigares mécanique. . . . . . . Mme RICARD-JAUFFRET.
82 Une Corbeille fleurs. . . . . Mlle Rosine ARTAUD.
83 Deux Pelotes orange. . . . . Mlle SOMMIERS.
84 Un Dessus de Chaise brodé. . . . . Mme BLANCHIN
85 Une paire Flambeaux . . . . Mme Marius FAÏSSE.
86 Une Cafetière métal anglais. . . . . M. COLOMBAN.
87 Une Canne-Pipe . . . . M. F. CACHOU.
88 Un Guéridon doré. . . . . M. VERDIER.
89 Un Cabaret porcelaine. . . . . *Œuvre de la Providence*
90 Une Pièce Toile blanche. . . . . }
91 Une Pièce Toile écrue. . . . . } *Cercle Agricole.*
92 Deux Vases fleurs. . . . . Mlle Miette EMERY.
93 Deux Baguiers, deux Anges. . . . . }
94 Un Morceau de musique. . . . . } Mme MARTIN.

95 Une Pelote.. .. .. } Mlle RABIAU.
96 Une paire Bas et Jarretières .. .. }

97 Un Coussin crochet tunisien... ..... Mlle FOUQUET.

98 Une Blague, un Porte-Monnaie..... Mlle Félicie HUMBERT.

99 Un Porte-Allumettes. .... } Mme A. MICHEL.
100 Un Porte-Allumettes ... . }

101 Un Voile-Fauteuil. .... Mlle ROUVIER.

102 Deux Dessous de Lampe...... ..... } Mlle Thérèse NICOLAS.
103 Un Dessus de Chaise brodé .... }

104 Deux Dessous de Lampe........... Mlles MAUPAS.

105 Une paire Lampes .... ANONYME.

106 *Siècle de Louis XIV* (1 volume)....... *Elèves de l'Ecole comm^{le}.*

107 Une Tabatière argent............. } *Congréjation des femmes.*
108 Une Pince à sucre................ }

109 Une Cave à liqueurs............. *Officiers du 36e de ligne.*

110 Une Travailleuse................. } *Sous-officiers du 36e de ligne*
111 Un Tapis moquette (devant-de-foyer). }

112 Six Cuillères à café en vermeil....... } *Caporaux et soldats du 36e*
113 Un Service a découper et à salade, en } *de ligne.*
     argent .... }

114 Buste de Craponne, en ciment........ M. Emilien JOURDAN.

115 Deux Porte-Montre.............. Mme MAUPAS.

116 Deux Boîtes fruits secs............ M. Toussaint TAUREL.

117 Un Voile de berceau.............. *Sœurs de Saint-Thomas.*

118 Une Montre à remontoir........... M RAYNAUD, *maire.*

119 Une paire Pantoufles brodées........ Mlle ESPIGUE.

120 Une Barre Savon blanc............ Mlle Jeannette VIGNE.

121 Deux Boîtes conserves........... M. Toussaint TAUREL.

122 Une Pointe laine tricotée.......... Mlle Claire TERRIN.

123 Trois Chemises toile.............. *Confrérie des Pénit. bleus.*

124 Un Saucisson..................... M. Victor DOR.

125 Trois Chemises toile .... *Confrérie des Pénit. bleus.*

126 Un Châle .... Mme A. TOURNEFORT.

127 *La Terre avant le Déluge* (1 volume). M. Marius CARBONEL.

128 Petits Fauteuils et Chaises en plumes. M. TERRASSON.

129 Un Dinde tout plumé .... M. Toussaint TAUREL.

130 Un Saucisson................... M. Louis DOR.

131 Un Lot Tabac .... M. Albert CARLIAN.

132 Une Couverture blanche........... G^{al} et Mél. CROUSNILLON.

133 Deux paires Tiges de Souliers....... Mme CHATEAUNEUF.

134 Un Paquet coton .... Aonymen.
135 Un Pâté froid..................... M. Mille, maître d'hôtel.
136 Un Paquet laine .... M. Croussillat cadet.
137 Une Boîte 60 pelotes soie ....⎫
138 Une Pipe et Bout-de-cigare écume...⎭ M. Fabre, papetier.
139 Un Bureau en noyer............... 5ᵉ Cⁱᵉ de la Garde natoinale.
140 Un Bonnet d'enfant............... Mˡˡᵉ Léonie Manival.
141 Une Bague or..................... Anonyme.
142 Une petite Vierge................ Mˡˡᵉ Anna Constant.
143 Une petite Vierge, une paire Bas... Mˡˡᵉ Joséphine Arnaud.
144 Deux Tabourets................... Les ouvʳⁱⁱ de M. Cachon.
145 Un Saucisson..................... M. Pascal Constant.
146 Une Gravure encadrée............. Mᵐᵉ Amédée Faïssb.
147 Une Lampe........................ M. Carrière.
148 Deux Voiles-Fauteuil............. Mᵐᵉ Eugénie Eyriès.
449 Une Ménagère soie bleue........... Mᵐᵉ Fenech, à Pélissanne.
150 Un petit Panier et Bouchons de lampe Mᵐᵉ Adrien Carcassonne.
151 Deux Dessous de lampe............ Mᵐᵉ Cavaillon.
152 Un Pain Savon blanc et une Barre
     de Savon bleu.................. M. Bourrelly-Gounelle.
153 Deux Cadres en marbre statuaire... M. Topia.
154 Huit Bouteilles vin vieux........... M. A. Michel.
155 Un Réveil-Matin albâtre........... Mᵐᵉ Autheman, orfèvre.
156 Une Descente de lit brodée........ M. Fabre, débᵗ de tabac.
157 Une Rame papier soie............ M. Rouvier.
158 Six Foulards soie.. .... Dames Coren.
159 Un Pot à eau.................... M. Roux.
160 Une paire Pelle et Pincettes........ Mᵐᵉ Michel.
161 Un Porte-Cigares et Porte-Monnaie
     arabes......................... M. Louis Laugier.
162 Un Verre d'eau cristal .... Mˡˡᵉ Anaïs Arnaubec.
163 Une Gravure (mariage de la Vierge). M. Moutin.
164 Un Poupon...................... M. Couissinier.
165 Une Pipe écume de mer......... M. Callamand, dᵗ de tabac
166 Un Pain Savon blanc............. M. Cyp. Laugier, de Berre.
167 Un Crachoir bois d'olivier.......... M. Allemand.
168 Une Blague à tabac, soie .... Mᵐᵉ Jnlie Filhol.
169 Un Pot à tabac................... Mᵐᵉ Cabiro.
170 Un Pantalon drap................. M. Gabriel Allamand.
171 Un Voile-Fauteuil................. Mˡˡᵉ Armand.

Vint ensuite l'émission des billets de loterie, dont le prix fut fixé, par votre délibérat on du 16 janvier, à cinquante centimes l'un. Cette émission s'est élevée au chiffre de six mille, ainsi qu'il conste des procès-verbaux de création, à la date du 30 janvier et des 2, 3, 14, 19 et 25 février 1871.

Vous avez vu avec quelle infatigable ardeur et avec quelle intelligence, ce placement en a été opéré par les Dames du Comité, vous avez pu vous rendre compte aussi de la régularité du tirage qui a eu lieu publiquement, le 12 mars, dans la cour du Château, sous la présidence des autorités et avec le concours de la musique de la garde nationale, sous l'habile direction de M. Florentin, sous-chef de musique du 36e de ligne.

Les Dames déléguées auprès de M. le Curé pour obtenir de lui l'autorisation de quêter aux offices du dimanche, furent accueillies favorablement. Nous devons des remercîments à M. le Curé, qui a bien voulu accorder cette autorisation. Nous en devons aussi à Mme Fouquet, qui, comme secrétaire, a assuré la régularité et l'exactitude de ces quêtes et à Mlle Rosine Artaud, Vice-Présidente, à qui la direction en était confiée. Vous aviez décidé aussi, dans votre délibération du 16 janvier, de placer des troncs, scellés du cachet du Comité dans différents établissements publics. Vous verrez plus loin, au compte-rendu financier, chapître des recettes, quel a été le produit de ces troncs, dont l'ouverture a eu lieu selon le procès-verbal au registre des délibérations, à la date du 7 avril 1871.

Je viens de vous énumérer les moyens employés pour nous créer des ressources, ces moyens se résument en ceci : Loterie, quêtes, souscriptions diverses, cotisations des membres du Comité et des Sociétaires, cotisations des Dames du Comité, etc. Nous allons maintenant examiner la partie la plus délicate de notre mission, celle de l'application de ces ressources.

La première opération fut l'envoi d'une somme de 200 fr.

à M. le docteur Chabrier, président du Comité de secours aux blessés à Aix, avec prière d'en faire l'application spéciale à l'ambulance de la 4ᵐᵉ légion des mobilisés de notre département, dont faisaient partie les jeunes gens de notre canton.

Je vous donne lecture de la lettre qui nous a accusé réception de cette somme.

Aix, 5 janvier 1871.

Monsieur le Président du Comité Salonais
de secours aux blessés.

Je viens vous accuser réception de la somme de 200 francs destinés à l'ambulance des mobilisés.

Il sera fait selon vos intentions, et nous avons, du reste, déjà affecté plus de 1,500 fr. à cet usage, sans compter le matériel mis à la même disposition.

L'argent remis au trésorier sera affecté à la première demande de fonds qui sera faite par M. Bayol, chirurgien en chef de la mobilisée.

Je ne puis que vous remercier de cette souscription patriotique, veuillez en recevoir le témoignage et être assuré de celui de tout le Comité d'Aix dont j'ai l'honneur d'être le président.

En ce temps de malheurs, il ne faut pas perdre courage, la charité a des ressources infinies, et c'est grâce à elle que l'Etat pourra être débarrassé d'un surcroît de dépenses et de perte de temps.

Agréez mes amitiés.

Dʳ CHABRIER.

Président du Comité de secours aux blessés, à Aix.

Le 1ᵉʳ octobre, M. le Maire me donna connaissance d'une lettre de M. F. Turin lui annonçant qu'il mettait à sa disposition seize caisses contenant du linge et de la charpie ainsi qu'une somme de 231 fr. 75 c. le tout provenant de quêtes faites à domicile par des personnes portées de bonne volonté.

Ces caisses devaient faire partie d'un envoi annoncé à Mme la comtesse de Flavigny présidente de la Société internationale de secours aux blessés, à Paris, et que celle-ci contremanda vers la fin août, ainsi que le mentionne la lettre de M. F. Turin,

M. le Maire mit à ma disposition les seize caisses linge et charpie parmi lesquelles une contenant pipes, cigares, chocolat, sucre, dix bouteilles liqueurs eau de fleurs d'oranger, etc.

Quant à la somme de 231 fr. 75 c., M. le Maire en a fait la distribution, à la mairie, aux familles les plus nécessiteuses ayant des fils sous les drapeaux.

Voici l'emploi qui a été fait de ces seize caisses, dont huit furent d'abord remises à l'hôpital de Salon sur lequel on commençait déjà à diriger des blessés.

Je vous donne lecture de la lettre de **M. Martin**, économe de cet établissement, nous accusant réception de notre envoi.

Salon, 5 novembre 1870.

Monsieur le Président du Comité de secours
aux blessés.

J'ai l'honneur de vous accuser réception de huit caisses contenant les objets ci-après, savoir :

1. Une caisse c^t 43 draps de lits et 90 bandes de corps.
2. » 46 kilogrammes charpie.
3. » 28 » compresses.
4. » 400 bandes.
5. » 300 »
6. » 48 chemises.

7. Une caissec c¹ 9 pipes, 80 cigares, 8 k. ¹/₂ chocolat, 8 k. riz, 1 k ¹/₂
        sucre, 10 bouteilles liqueurs, 2 flacons eau de fleurs
        d'oranger, 2 paquets fil blanc, 12 cahiers papier à
        lettre.
8.   »   47 kilos compresses.

Je vous prie de vouloir bien faire agréer mes remercîments au Comité que vous présidez.

Agréez l'assurance de ma parfaite considération.

L'économe de l'hôpital de Salon,
H. Martin.

Trois autres caisses contenant de la charpie, des bandes et des compresses furent employées à composer, selon les instructions des ambulances, des petits paquets contenant le nécessaire à un premier pansement.

Ces paquets furent remis aux nombreuses compagnies de marche du valeureux 36ᵉ de ligne qui, comme le Phénix, renaissait toujours de ses cendres, et chaque homme emportait dans son sac de quoi s'opérer lui-même un premier pansement en cas de malheur et pouvoir porter secours à son frère tombé frappé à ses côtés.

Dans cet intervalle, un appel émouvant nous fut fait par le Comité des Dames de Lyon. La proximité de cette ville de l'horrible théâtre de la guerre avait amené dans ses ambulances et hospices, un grand nombre de blessés, le linge manquait, nous nous empressâmes alors de leur adresser les cinq caisses qui restaient et nous fîmes cette expédition au nom des Dames de Salon. Vous pouvez voir par les termes de la lettre dont je vous donne lecture et qui nous accuse réception, avec quelle reconnaissance notre envoi fut accepté.

Lyon, 11 février 1871.

Monsieur le Président,

J'ai l'honneur de vous accuser réception de la bienveillante lettre que vous avez bien voulu adresser au Comité que je préside, ainsi que du bel envoi de cinq caisses linges des Dames de Salon.

Vous exagérez le mérite de notre dévouement, qui est largement récompensé par le sentiment du devoir accompli et les témoignages tels que le vôtre.

Veuillez exprimer notre reconnaissance aux Dames de Salon, et leur donner l'assurance que nous ferons de notre mieux pour bien placer leur don charitable.

Agréez, monsieur le Président, l'assurance de ma sympathique considération.

Pauline ARLÈS-DUFOUR,

Présidente du Comité de secours pour les blessés militaires.

Nous procédâmes ensuite à l'organisation des secours aux familles victimes de la guerre.

Des réunions hebdomadaires eurent lieu dans le local de l'asile Saint-Thomas que Mme la supérieure de cet établissement mit à notre disposition avec un empressement dont nous la remercions et lui saurons toujours gré.

Dans une de ces réunions Mme la Présidente pria

Mmes MAYLIN,	Mlles BRAUDIS,
BLANCHIN,	TASSEL,
Jh. COREN,	BEDOUIN,
L. COREN,	VERRIER,
A. CARCASSONNE,	CHAUDOIN,
BROUILLET,	ALLEMAND,
PARDIGON,	

de vouloir bien rechercher, chacune dans leur quartier, les familles nécessiteuses que le Comité aurait à secourir.

Je dois ici féliciter ces Dames et ces Demoiselles, qui ont rempli cette mission délicate ; elles ont agi avec beaucoup de discernement et de sagesse, et je puis vous assurer que cette

partie de notre tâche, à mon avis la plus difficile, a été remplie
du mieux qu'il était possible de le faire.

Sur les noms qui m'étaient donnés, je délivrai chaque se-
maine des bons de deux francs cinquante et cinq francs, suivant le nombre des membres ou les besoins de ces familles ;
ces bons étaient remis par les Dames elles-mêmes, et encais-
sés ensuite par les familles chez notre Trésorier, et plus tard
chez Mme Joseph Coren.

Vous comprenez, Messieurs, de combien de ménagements
il fallait entourer cette distribution de secours, qui ne devait
pas être envisagée comme une *aumône*, mais bien comme *l'ac-
quit d'une dette sacrée* contractée par la Société, vis-à-vis de
ces familles privées, pour la défense de la patrie, des bras qui
les faisaient vivre.

C'est grâce à la délicatesse de sentiments et au zèle dévoué
de Mme Joseph Coren, que nous avons pu donner à cette distribution ce vrai caractère.

Vinrent ensuite les distributions en nature faites à la caserne par les Dames du Comité aux nombreux blessés convalescents évacués sur le 36e de ligne, ces malheureux étaient
dans un triste dénûment, et avaient certes bien besoin de nos
secours.

Malgré l'épidémie de variole qui sévissait à cette époque à notre hôpital comme dans la ville, nos courageuses
Dames ne craignirent pas d'organiser des visites dans les
salles des militaires blessés et malades.

Mme la Supérieure de cet établissement, ainsi que M. l'E-
conome, nous ont toujours assistés dans ces visites ; cela
nous a permis de distribuer les secours avec intelligence, et
nous a permis aussi de connaître tous les besoins.

Vous auriez eu, Messieurs, la récompense de vos travaux, si
vous aviez pu comme moi être témoin de la joie de ces pau-
vres malades et blessés à l'arrivée de nos Dames ; c'était bien
moins les secours matériels qui occasionnaient cette joie que

l'effet moral produit par ces visites et les paroles de consolation et d'espoir qu'elles leur prodiguaient.

Il nous fut adressé plus tard une demande par MM. Pinelli et Igolin du 36e de ligne, tendant à obtenir du Comité les fonds nécessaires à la confection de membres artificiels ; l'un d'eux, amputé de la cuisse droite, et l'autre de la jambe gauche. Après avoir avoir pris des renseignements sur le prix de ces appareils, je constatai avec douleur que l'état de la caisse ne nous permettait pas de satisfaire à la demande qui nous était faite, mais je me souvins de nos amis, et j'adressai à M. le Président du Comité d'Aix, une lettre par laquelle je lui demandai de nous venir en aide dans cette bonne œuvre. Voici quelle fut sa réponse :

Aix, 2 août 1871.

Monsieur le Président,

J'ai pris connaissance de votre demande à l'appui de celle des militaires Pinelli et Igolin du 36e, voici les détails que je puis vous fournir.

Je crois qu'il conviendrait de s'adresser à M. Mathieu, fabricant d'instruments de chirurgie, à Paris, et de lui donner les mesures fournies par le docteur chargé de voir les malades dont vous me parlez. Le prix de ces appareils sera, je pense, de fr. 250 la pièce environ.

Ne vous mettez en peine de rien, veuillez seulement me dire par lettre ce que vous désirez obtenir de notre Comité, nous serons très heureux de nous mettre à votre disposition pour cette bonne œuvre.

Agréez mes sincères salutations.

D' CHABRIER, *Président.*

A la réception de cette aimable lettre et à la suite d'une quête faite à la messe des morts pour l'anniversaire de Frœschwiller, je fus en mesure de donner satisfaction à la demande qui nous était faite. A cette messe il nous a été donné joint à la tristesse que nous avions dans le cœur, la douce joie de voir flotter encore les glorieux débris du drapeau du 36ᵉ de ligne si noblement disputés et conservés.

Le 7 août, sur les mesures données par M. le chirurgien-major du 36ᵉ, je priai M. le docteur Chabrier de faire la commande qui recevait son exécution vers la fin de septembre, époque à laquelle je reçus de M. Mathieu de Paris, la facture s'élevant à la somme de 550 francs.

Après en avoir donné communication au comité d'Aix, je reçus la lettre suivante :

Aix, 20 septembre 1871.

Monsieur le Président,

Je suis chargé par le président du Comité de secours aux blessés, de vous faire connaître que vous pouvez prendre chez moi, cours Sextius, 104, un mandat en votre nom de la somme de 300 francs pour parfaire au payement de celle de 550, prix de deux jambes artificielles que M. Mathieu, de Paris, doit vous livrer à Salon.

C'est chez M. Félix Vieil, rue des Cordeliers, que vous aurez à retirer le montant du mandat.

Agréez l'assurance de mes meilleurs sentiments.

Dʳ BERNARD.

Ainsi que vous le verrez, l'emploi de cette somme figure à l'article 16 du chapitre des recettes, et 6 du chapitre des dépenses du compte-rendu financier suivant, dont je vous donne lecture.

Je soumets à votre vérification tous les documents qui se rattachent à ce compte-rendu, tels que registre à souche des cotisations, listes de souscriptions, mandats, mémoires, factures et bons de secours.

COMPTE-RENDU FINANCIER

CHAPITRE DES RECETTES

Art. 1er Produits de la loterie, 6000 billets à 0.50 l'un.... F. 3000 »
» 2 Produit d'une quête faite le 1er Janvier 1871,
dans divers établissements publics.......... ... 200 »
» 3 Produits des quêtes faites aux offices du Dimanche,
par les Dames du Comité.................... 180.55
» 4 Montant des cotisations des Dames du Comité..... 415.72
» 5 Montant des cotisations des Membres du Comité et
des Sociétaires............................. 294 »
» 6 Souscription du Cercle de l'Univers (versé par
M. Giniez)................................. 34.75
» 7 Souscription du Cercle de l'Industrie (versé par
M. Bossy)................................. 40 »
» 8 Souscription de la Confrérie de St-Roch (versé par
M. Tirat)................................. 15 »
» 9 Souscription des Dlles Gall, maîtresses de pension,
à Aix.................................... 10 »
» 10 Reçu de Madame X......................... 10 »
» 11 Produits de la quête faite le 25 février 1871, par
les Dames du Comité, au passage du train exprès,
à Mirama................................. 34 »
» 12 Produit d'une quête faite le 19 février, par les
Dames du Comité, dans l'église de Lançon....... 8.85
» 13 Produit des troncs placés dans différents établissements publics (Procès-verbal d'ouverture au
registre des délibérations à la date du 7 avril 1871) 183.85
» 14 Produit de la quête faite le 12 mars 1871 au tirage
de la loterie............................. 76 »
» 15 Produit de la quête faite le 6 août 1871 à la messe
anniversaire de la bataille de Frœschwiller...... 90 »
» 16 Reçu de Monsieur le docteur Chabrier, président
du Comité de secours aux blessés, à Aix, pour
nous venir en aide dans l'achat de membres
artificiels destinés à des amputés du 36e de ligne.. 300 »
» 17 Reçu d'un anonyme........................ 22.28

TOTAL DES RECETTES...... F. 4915 »

CHAPITRE DES DÉPENSES

Art. 1ᵉʳ Adressé le 2 janvier 1871, par lettre chargée, à Monsieur le docteur Chabrier, président du Comité de secours aux blessés, d'Aix, pour être affectés à l'ambulance de la 4ᵐᵉ légion des mobilisés du département............................... F.   200   »

» 2 Montant des secours en nature, distribués par le Comité des Dames aux soldats malades ou blessés, à la caserne et à l'hôpital (suivant factures à l'appui dont détail ci-après)....................   1733.10

» 3 Secours en argent distribués aux familles victimes de la guerre par le Comité des Dames et le Trésorier du Comité contre les bons nominatifs délivrés par M. le Président (suivant bons à l'appui).....................................   1969.75

» 4 Secours en argent distribués aux soldats blessés, par le Trésorier du Comité contre les bons nominatifs délivrés par Monsieur le Président, suivant bons à l'appui..............................   191.85

» 5 Frais généraux (voir détail ci-après).............   255.70

» 6 Acquitté la traite de M. L. Mathieu, fabricant d'instruments de chirurgie à Paris, suivant sa facture du 8 novembre échue le 31 décembre 1871........   550   »

» 7 Port de la caisse expédiée par grande vitesse, par M. L. Mathieu, de Paris.. ....   14.60

TOTAL DES DÉPENSES...... F. 4915 »

DÉTAIL DES FACTURES DE DIVERS

pour livraisons de Flanelle, Chemises, Bas, Tricots, Caleçons, Tabac, etc..
faites au Comité

A N. Crousnillon, marchand drapier, sa facture 29 janvier. F. 46 »
A M. A. Tournefort, id. id. 1er février » 100 »
A M. id. id. id. 13 id. » 16 90
A M. Cachon. id. id. 17 id. » 40 »
A MM. Allamand père et fils id. id. 20 id. » 77 85
A M. Crousnillon, id. id. 24 id. » 21 60
A M. Blancardy, mercier, id. 25 id. » 10 80
A MM. Allamand père et fils, m^{ds} drapiers, id. 26 id. » 45 50
A M. Valarcher, mercier, id. 26 id. » 12 »
A M. Cachon, marchand drapier, id. 26 id. » 42 »
A Mlles Reyne sœurs. mercières. id. 1er mars. » 36 »
A M. A. Tournefort, marchand drapier. id. 13 id. » 16 »
A Mlle Thérèse Eymard, mercière, id. 16 id. » 13 »
A M. Cachon, marchand drapier. id. 22 id. » 58 »
A MM. Allamand père et fils, id. id. 23 id. » 16 »
A M. Valarcher, mercier. id. 23 id. » 36 30
A M. Blancardy. id. id 25 id. » 20 50
A M. Cabiro, débitant de tabac. id. 25 id. » 76 25
A M. Miousset, mercier, id. 31 id. » 16 50
A M. Cabiro, débitant de tabac, id. 1er avril. » 22 70
A M. Cachon, marchand drapier. id. 3 id. » 101 »
A M. Blancardy, mercier, id. 8 id. » 84 50
A M. Cabiro, débitant de tabac, id. 8 id. » 33 60
A M. Cachon, marchand drapier. id. 10 id. » 84 »
A M. id. id. id. 11 id. » 72 »
A MM. Allamand, père et fils, m^{ds} drapiers, id. 13 id. » 51 90
A M. Cachon. id. id. 13 id. » 115 »
A M. Cabiro. débitant de tabac. id. 17 id. » 63 »
A M. Cachon. marchand tailleur. id. 17 id. » 46 »
A M. Blancardy, mercier, id. 18 id. » 53 »
A M. Chenavard, marchand tailleur au 36e id. 21 id. » 7 50
A MM. Allamand père et fils, m^{ds} drapiers. id. 28 id. » 51 20
A M. Cachon. id. id. 13 mai.. » 14 »
A M. id. id. id. 23 id. » 20 »

A reporter....... F. 1.520 60

Report............ F. 1.520 60

A M. Poggi, maître bottier au 36°, sa facture 1er juin.. »   44 »
A Mlles Reyne sœurs, mercières,   id.   1er id. »   18 »
A M. Blancardy, mercier,   id.   23 id. »   24 »
A M. Cachou, marchand tailleur, ses factures 1, 3, 5, 25 juillet » 116 50
A M. Cabiro, débitant de tabac, sa facture 23 août......... »   10 »

TOTAL DES ACHATS (art. 2 du chapitre des dépenses). » 1.733 10

DÉTAIL DES FRAIS GÉNÉRAUX

A M. A. Tournefort, montant de sa facture.............. F.   2 65
A Mme v^e Marius Olive, de Marseille, pour impression d'affi-
ches............... .... »   7 »
Payé le port de l'expédition de 5 caisses de charpie, adres-
sées à Mme Arlès-Dufour, présidente du Comité de Lyon.. »   4 65
A M. Couissinier, lithographe, pour impression des billets
de loterie et autres imprimés.............. .... »   70 »
A M. Giniez, menuisier, pour confection de petites caisses
servant de troncs.... . ... »   30 50
A MM. Collé et Vérane, graveurs à Marseille, pour le cachet
du Comité........................ »   15 »
A M. Martin Hilarion, montant de sa facture...... ...... »   38 50
A M. Cayer, imprimeur à Marseille, pour impression des
programmes du tirage de la loterie.... .... »   50 »
Divers petits frais........................ »   8 40
A M. Verdier, son mémoire pour travaux.............. »   15 »
A M. Couissinier, lithographe, pour impression de convo-
cations..... .... »   11 »
A M. A. Gras, montant de sa facture................. »   3 »

TOTAL DES FRAIS GÉNÉRAUX (art. 3 du chapitre des dépenses).. » 255 70

VU ET APPROUVÉ :

Les Auditeurs de comptes,

A. TOURNEFORT. GIRAUDON.

Voilà, Messieurs, le compte-rendu définitif de nos travaux. Nos compatriotes, qui nous ont aidés de leur générosité et de leur sympathie, y trouveront, je l'espère, avec notre témoignage de gratitude, la satisfaction du bien qu'ils ont fait avec nous.

MESDAMES,

Merci encore une fois de l'exemple que vous avez donné; vous avez prouvé que la société, au milieu de nos désastres, n'a pas oublié ses défenseurs. Vous avez fait votre devoir, et vous y avez joint le mérite de n'en point tirer vanité.

Vous ne vous êtes préoccupées que d'une seule chose, le bien à faire, et vous l'avez fait avec cette assurance qu'ont seules les consciences comme les vôtres. Vous avez toutes bien mérité, car chacune de vous a contribué au succès de l'œuvre.

Permettez-moi de vous en donner publiquement le témoignage.

MADAME LA PRÉSIDENTE.

Une grande part de tout ce bien vous est due, merci pour votre infatigable dévouement, merci de l'intelligence avec laquelle vous nous avez secondés.

Vous avez le bonheur d'être mère, et vous donnez vous-même à vos enfants le pain sacré de l'intelligence.

Du fond de mon cœur je vous souhaite, pour votre récompense, qu'ils ne cessent de marcher sur vos traces.

Quant à la nôtre, Messieurs, elle est dans la satisfaction du devoir accompli et dans l'appui sympathique de ceux de nos concitoyens qui ont concouru avec nous à cette œuvre charitable.

L'Assemblée vote à l'unanimité des remercîments à M. le Président pour le zèle et le dévoûment qu'il a mis à l'accomplissement de sa tàche et autorise l'impression de son rapport.

www.ingramcontent.com/pod-product-compliance
Lightning Source LLC
Chambersburg PA
CBHW061707060726
47597CB00006B/2240